ESEL

Adelheid Dahimène - Heide Stöllinger

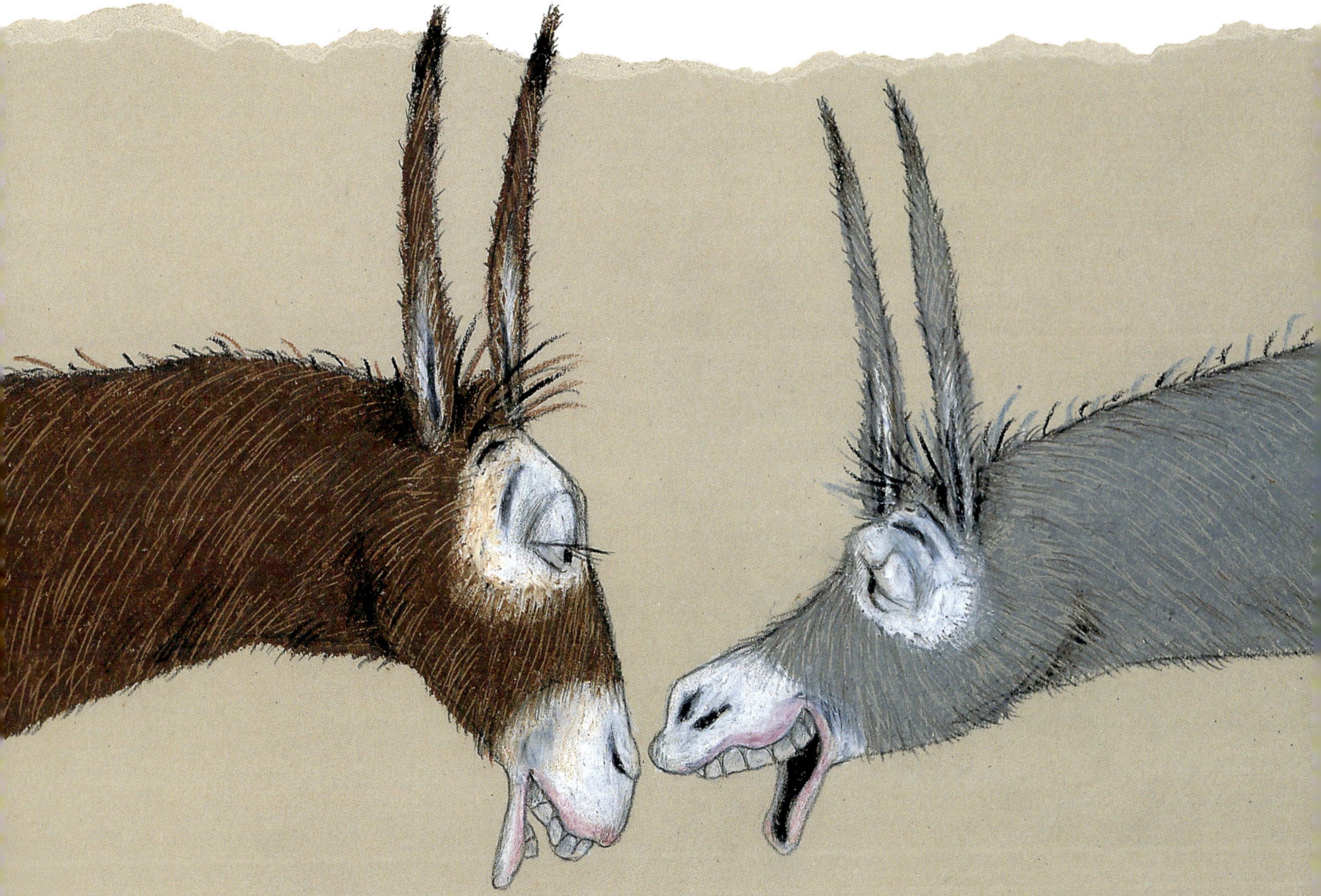

Zwei alte Esel planten ihre Silberhochzeit. Sie lebten nun schon das halbe Leben zusammen und hatten miteinander viele Eseleien begangen. Die erste Eselei war die mit dem I-A: Als sie sich in ihrer Jugend begegnet waren, hatten beide gleichzeitig „I-A" gerufen und sofort geheiratet.

Die zweite Eselei verfolgte sie auf Schritt und Tritt jedesmal, wenn sie eine Straße über=queren sollten, und sie wurde deshalb zu ihrer Lieblings=eselei: Mitten auf dem Weg stemmten sie ihre Beine nach vorne, und keine Macht der Welt konnte sie von der Stelle bewegen.

Ihre letzte Eselei war die mit dem umgebogenen Ohr: Damit der vergess=liche Esel sich den Hochzeitstag merken konnte, knickte die Eselin am Vorabend ein Eck in seinen rechten Lauscher.

Aber was passierte? Die Ohrenspitze verstopfte dem Esel den Gehörgang, und weil sein linkes Ohr schon taub war, verschlief er das Krähen des Hahns, verschlief das Läuten der Mittagsglocken, und zuletzt verschlief er sich so tief in die nächste Nacht hinein, dass er den ganzen Freudentag verschnarchte. Da wurde die Eselin grimmig böse und blies mit einem fürchterlichen Nüsternschnauber die Silberhochzeit ab.

Sie schrien hin und her „N-I-A, N-I-A", die Eselin packte ihre störrischen Beine zusammen und verließ den vergesslichen Esel. Nun waren die beiden aber durch ihr enges Beisammensein schon so ineinander verwachsen, dass ein jeder die Spuren des anderen an seinem Körper trug. Die Eselin hatte vom vielen Umhalsen eine Einbuchtung am Hals, umgekehrt war ihrem Mann genau dort eine Beule gewachsen.

Die äußerst empörte Eselin zeigte ihre verbissenen Zähne und fauchte: "Ein Schlauerer als du bockt an jeder Straßenecke!"

Sie trabten auf und davon, um jeder für sich eine bessere Hälfte zu finden.

Die Eselin ging nach Süden, und der Esel ging auch nach Süden.

Auf einer Weide stand eine gescheckte Kuh. Der Esel gesellte sich zu ihr, um zu sehen, ob sie zueinander passten. Die Kuh sah ihn stumpf an, betrachtete seine Beule und sagte „Na-Muh?"

Als der Esel merkte, dass die gewohnte Ein=
buchtung von einem braunen Fleck verdeckt
war, schmetterte er entsetzt „Igitt-I-A!",
und zog weiter.

Die Eselin versuchte es zuerst mit einem Ziegenbock. Aber er konnte sie mit seinem Bart nur am Knie kitzeln, was ihr lächerlich vorkam.

Er war so klein und mager, dass sie wohl nie gemeinsam Eseleien aushecken konnten, und sie ließ ihn mit seinem Gemecker allein zurück.

Trotziger als zuvor suchten die beiden Esel weiter. Zur Stärkung kauten sie zwischendurch ein paar Disteln und schmiegten sich dann mit frischer Hoffnung an rosarote Flamingohälse und unförmige Nilpferdnacken.

Mitten auf den Zebrastreifen fiel ihnen wieder ihre ur= eigene Sturheit ein, und sie merkten, dass sich weit und breit keine so maßgeschneiderte Stelle finden ließ wie am alten Esel, wie an der alten Eselin.

Dann lag die weite Wüste vor ihnen. Und zwischen den Sandbergen zogen die Karawanen mit ihren Kamelen dahin. Schon von weitem sah der Esel ihre Höcker gegen den Himmel geschwungen, und sie waren so verlockend, dass er auf sie zugaloppierte.

Als es dunkel wurde, klappten die Kamele ihre Vorderbeine ein, verschränkten die Höcker zwei Mal zwei ineinander und lagen wie achtbeinige Riesenkrebse im Sand. Nur ein Kamel war übrig=

geblieben und blickte traurig zu den Sand= dünen, die ihre Höcker auch einsam in die Nacht streckten. Der Esel näherte sich von rechts, die gerade angekommene Eselin näherte sich auch von rechts.

Dann standen sie neben dem Kamel, das weinerlich die Lippen kräuselte. Als es die beiden Esel sah, fragte es: „Wollt ihr nicht schlafen? Ihr passt doch gut zusammen!" Der Esel räusperte

Sich mit einem kurzangebundenen „N-I-A!"
Die Eselin streckte ihre Beine energisch
nach vorn und den Schwanz nach hinten.
„Für mich ist niemand übrig", sagte das Kamel.
„Ich muss mich in die Dünen legen."

Der Esel und die Eselin sahen einander aus den Augenwinkeln an. Unter ihren dichten Wimpern stellten sie fest, dass kein anderer den vertrauten Platz am Eselskörper eingenommen hatte, und ganz nebenbei probierten sie aus, ob sie noch zusammenpassten. „Du hast abgenommen", sagte die Eselin. „Aber das macht nichts, da bekomme ich wieder mehr Luft." „So eine Eselei", sagte der Esel, „ich und abgenommen!"

Sie ließen sich neben die schlafenden Kamele auf den Boden fallen, und zwischen ihren Eselskörpern klaffte nur ein schmaler Trauerspalt von der Trennungszeit.

Das einzelne Kamel aber lag verkehrt zwischen den Höckern einer Sanddüne, und seine Beine streckten sich in den Wüstenhimmel als Wegweiser für verlaufene Esel.

www.ggverlag.at
www.nilpferd.at

ISBN: 978-3-7074-5024-8

In der aktuell gültigen Rechtschreibung.
Druck und Bindung:
Grafisches Centrum Cuno GmbH & Co. KG
Papier aus verantwortungsvoll bewirtschafteten Quellen.

10. Auflage 2024

Text: Adelheid Dahimène
Illustration: Heide Stöllinger
Satz: Ulli Faber

© 2024 G&G Verlagsgesellschaft mbH, Wien
Alle Rechte vorbehalten. Jede Art der
Vervielfältigung, auch die des auszugsweisen Nachdrucks, der fotomechanischen Wiedergabe sowie der Einspeicherung und Verarbeitung in elektronische Systeme, gesetzlich verboten. Aus Umweltschutzgründen wurde dieses Buch auf chlorfrei gebleichtem Papier gedruckt.

G&G
Gut für Ihr Kind
Gut für die Umwelt
Farben auf Pflanzenölbasis
Lösungsmittelfreie Klebstoffe
Gedruckt auf FSC-Papier
Hergestellt in Europa